이야기대화식으로 재미있게 배우는 **아름다운 십대 성경공부**

생활열매

301시리즈 3

이대희 지음·바이블미션 편

KB206262

엔크리스토
ENCHRISTO

아름다운 십대 성경공부 시리즈 교재의 특성

1_ 십대들이 꼭 알아야 할 핵심내용과 성경적인 가치관과 세계관을 정립하는 성경공부입니다.

2_ 귀납적 형태를 띤 이야기대화식으로 탐구능력을 키우고 생각을 점차 열리게 하는 흥미로운 성경공부입니다.

3_ 자유로운 토의와 열린 대화를 활발하게 하는 소그룹에 적합한 성경공부입니다.

4_ 영적 사고력과 해석력과 분별력을 키우면서 스스로 적용능력을 점차 극대화시켜주는 성경공부입니다.

5_ 본문 중심 성경공부로 성경 이야기 속으로 빠져 들어 말씀의 성육신을 경험하는 성경공부입니다.

6_ 흥미와 재미를 갖도록 주제가 구성되어 있고 모두가 쉽게 참여하면서 영적 깊이와 변화를 체험하게 하는 전인적인 성경공부입니다.

7_ 성경공부를 통하여 자연스럽게 학과공부와 전인교육에 필요한 논술력, 사고력, 상상력, 창의력, 응용력을 함께 개발시키는 성경공부입니다.

8_ 분반공부와 제자훈련의 시간(30분, 1시간, 1시간 30분)을 탄력적으로 상황에 따라 운영하며 사용할 수 있는 성경공부입니다.

9_ 15년 동안 준비하고 실험한 성경공부 사역 전문가에 의하여 검증된 효과적인 공부 방법과 총체적이며 전인적인 교과과정이 체계적으로 구성된 신뢰할 만한 성경공부입니다.

아름다운 십대 성경공부 시리즈 전체 양육과정표

십대는 인생의 미래를 결정하는 가장 중요한 시기입니다. 믿음의 기초와 바른 가치관과 기독교적 세계관이 형성되는 인생의 주춧돌을 쌓는 시기입니다.

'아름다운 십대 성경공부 시리즈'는 1년 단위로 3년 동안 중·고등부가 함께 사용할 수 있게 구성되었습니다. 기본적인 양육과정의 틀은 십대자아, 신앙세움, 십대생활, 십대문화, 성경인물입니다. 십대에 맞는 5개의 핵심주제를 균형있게 설정하여 3년 동안 주제를 점차 심화하고 확장하면서 전인적이고 통전적인 신앙인으로 자라가도록 구성하였습니다. 전체적인 양육 커리큘럼을 그리면 다음과 같습니다.

양육주제	101시리즈	201시리즈	301시리즈
십대자아	자기 정체성	가치관	비전과 진로
신앙세움	복음 만남	믿음뼈대	신앙원리
십대생활	신앙생활	십대생활	생활열매
십대문화	멋진 사춘기	유혹탈출	인생수업
성경인물	예수의 사람	하나님의 사람	성령의 사람

● 각 권은 10과-12과로 구성되어 있으며 3년 과정으로 중·고등부가 학년에 상관 없이 모두 사용할 수 있습니다. 과정을 계속하여 사용하기를 원하시면 중·고등부와 청장년이 함께 사용할 수 있는 '투데이 성경공부 시리즈'(이대희 저, 엔크리스토)에서 필요한 주제를 선택하여 교과과정을 자체적으로 구성하여 사용할 수 있습니다.

● 교재 사용중 의문 사항은 ckr9191@hanmail.net로 메일을 보내시거나 바이블미션(031-702-9078, 016-731-9078, www.bible91.org)에 문의하시면 친절히 답변해드리겠습니다.

● 지도자 훈련 세미나 : 지도자와 교사를 위한 훈련 세미나. 내용은 홈페이지 참조.

위대한 하나님의 꿈을 꾸는 아름다운 십대여!

십대는 꿈을 꾸는 시기입니다. 얼마나 바른 꿈을 꾸며 그것을 위해 노력하고 훈련하는가에 따라 미래가 결정됩니다. 특히 이때 하나님께서 주신 뜻을 찾기 위해 성경공부를 하는 것은 정말 소중한 일입니다. 십대는 인생의 방향을 결정하는 중요한 시기이므로 이 시기를 특별하게 생각하고 고귀하게 보내야 합니다.

그러나 교회학교 교육은 이런 소중한 시간에 우리의 십대들이 말씀에 재미를 느끼고 인생을 계획하는 데 구체적인 지침을 마련해주지 못해 너무나 안타깝습니다. 십대 때 꿈을 발견하고 가꾸지 못하면 나중에는 갈팡지팡하며 방향을 잃고 방황하게 됩니다. 그러므로 이 시점에서 '아름다운 십대 성경공부 시리즈'는 꼭 필요하다고 생각합니다.

아름다운 꿈은 거저 얻을 수 없습니다. 남이 가르쳐주거나 사회가 알려주는 것도 아니고 학교에서 배우는 것도 아닙니다. 꿈은 오직 하나님만 가르쳐주실 수 있습니다. 우리가 꾸는 꿈은 전적으로 하나님의 꿈이어야 합니다. 하나님께서 보시기에 아름다운 것이어야 합니다. 그러려면 우리는 당연히 성경으로 돌아와서 나에게 향하신 하나님의 꿈을 발견해야 합니다. 말씀 안에서 인생관과 세계관을 설정하고 그것을 위해서 부단히 땀을 흘려야 합니다. 모쪼록 이런 귀중한 일에 이 성경공부 교재가 쓰이길 바랍니다. 알고보면 이것처럼 신나고 보람된 일은 없습니다. 이 교재를 통해 놀라운 하나님의 음성을 듣고 하나님께서 원하시는 아름다운 인생의 꿈을 발견하기를 간절히 바랍니다.

하나님의 위대한 인물을 꿈꾸며 나가는 훌륭하고 아름다운 십대들을 위해 수고하시는 교역자와 교사들과 이 교재를 사용하는 모든 교회 현장과 삶의 자리에 하나님의 큰 도우심이 있기를 기도합니다. 이 교재를 위해서 수고한 많은 사랑하는 동역자들에게 감사드립니다.

오직 주님께 영광을……

이대희

신앙은 삶으로 나타나야 합니다. 삶으로 표출되지 못하는 신앙은 죽은 것입니다. 뿌리가 자라면 나무 줄기를 생성하고 그것이 나중에 가지와 잎과 꽃을 내면서 열매를 맺습니다. 이것은 생명의 자연스러운 과정입니다. 죽은 생명은 성장이 멈춥니다. 신앙도 살아 있는 신앙은 열매를 맺게 되어 있습니다. 십대들이 앞으로 살아가면서 어떤 신앙 열매를 맺어야 하겠습니까? 생활 속에서 나타날 그리스도의 향기가 어떤 것인가를 살펴 보는 것은 유익한 일입니다. 그런 모습을 상상하며 그것을 기도의 제목으로 삼을 수 있습니다. 앞으로 나의 달라질 모습을 그려볼 수 있는 좋은 시간입니다.

열매는 나무를 위해서가 아닌 다른 사람을 위해서 맺힙니다. 우리에게 나타나는 열매들은 다른 사람의 유익을 위해서입니다. 이런 열매는 많이 맺을수록 다른 사람을 행복하게 합니다.

여기에 제시된 생활열매는 삶에서 자연스럽게 우러나오는 성령의 열매들입니다. 인간의 힘으로 이루어지는 것이 아니라 성령의 역사에 따라 나타나는 것들입니다. 성령의 충만함을 받으면 자연스럽게 생활 속에서 이런 열매가 나타나 나뿐 아니라 이웃에게 행복을 주며 하나님께 영광 돌리게 될 것입니다. 하나님의 성품이 드러나고 하나님의 이름이 드러나는 순간이 될 것입니다. 이 성경공부를 하는 과정에서 여기에 제시된 열매들을 사모하게 되길 바랍니다. 또한 열매가 풍성하게 맺혀지는 은혜가 있기를 바랍니다.

생활
열매 **차 례**

성공의 비결은 한 가지에 집중되어 있다

만일 사람들이 문제의 시간을 한 가지 방향으로만 적용하고
한 가지 목표에 집중한다면 그들은 성공할 것입니다.
성공은 반드시 몰두하는 것을 따라갑니다.
문제는 사람들이 목표를 가지고 있지 않다는 사실입니다.
다른 모든 것을 포기하고 매달리는 단 한가지 목표말입니다.
성공은 성진과 육체를 가장 엄격하게 집중한 결과입니다.

－에디슨

사랑의 열매 01

그런즉 믿음, 소망, 사랑, 이 세 가지는 항상 있을 것인
데 그 중의 제일은 사랑이라

— 고린도전서 13:13

마음을 여는 & 대화

나는 알지 못하였다

—작자 미상

하나님이 십자가를 세고 계실 때

나는 돈을 세었고

하나님이 잃어버린 것을 세고 계셨을 때

나는 얻은 것을 세었다.

내가 곳간에 쌓아둔 물건들의 값어치를 세고 있을 때

하나님은

나의 상처를 감싸주셨고

내가 지위를 구하고 명예에 눈이 어두웠을 때

하나님은

나의 무릎 위에 놓인 시간들을 세며 눈물 지으셨다.

어느 날 무덤가에 서기까지

그토록 얻으려고 했던 것들이

모두 헛된 것임을 알지 못하였고

내 모든 사랑하는 것들이 날아가 버릴 때까지

나는

하나님의 사랑에 있음이

가장 부유한 것임을 알지 못하였다.

● 하나님의 위대한 사랑에 대해 서로 의견을 나눠 보십시오.

말씀이야기 나누기

고린도전서 13:4-13을 읽고 서로 이야기를 나누어 보세요.

1 사랑은 삶에서 구체적으로 어떤 모습으로 나타나는지 말해 보십시오.(4-7)

2 예언이나 방언, 지식과 비교하여 볼 때 사랑의 위대한 점은 무엇입니까?(8-10)

3 어렸을 때와 어른이 될 때 어떤 점이 서로 다릅니까?(11)

4 후에 주님을 만날 때 어떤 일이 일어납니까?(12)

5 믿음, 소망, 사랑 중에 가장 소중한 것은 무엇입니까?(13)

그런즉 믿음, 소망, 사랑, 이 세 가지는

항상 있을 것인데 그 중의 제일은 사랑이라

생각을 깊게 하는 대화

1_ 신앙의 마지막은 사랑입니다. 성경의 핵심 정신도 사랑입니다. 그리스도인이 꼭 이루어야 할 모습은 사랑입니다. 왜 사랑이 다른 것보다 더 중요한지 그 이유를 말해 보십시오.(십자가 사랑과 연관하여)

2_ 사랑의 모습은 다양하게 나타납니다. 그리스도인의 모든 행동의 뿌리는 사랑에서 나와야 합니다. 아무리 위대해도 그것이 사랑으로 열매 맺지 못하면 아무것도 아닙니다. 어떻게 하면 모든 삶에서 사랑의 열매를 맺을 수 있는지 말해 보십시오.(참고, 요일 4:1-2, 5:3)

생활 속에서 실천하기

1_ 나는 다음과 같은 상황에서 어떻게 행동하는지 말해 보십시오.

· 화가 날 때 · 일을 이루었을 때

· 힘이 들 때 · 남이 시기할 때

· 다른 사람이 잘될 때 · 불의한 일을 당할 때

· 일이 뜻대로 잘되지 않을 때 · 애매한 고난을 당할 때

2_ 사랑의 열매를 맺기 위해서 매순간 훈련해야 할 사항을 말해 보십시오.

3_ 오늘 말씀을 통해 도전 받은 내용은 무엇입니까?

사랑에서 나오는 성령의 열매

우리가 하는 모든 일의 동기와 뿌리는 사랑이어야 합니다. 사랑이 없으면 아무것도 아니라는 것은 바로 이런 원리를 두고 하는 말입니다. 사랑에 근거하지 않는 것은 의미가 없습니다. 자기의 유익이나 욕심에 의한 선한 행동은 의미가 없습니다. 외적으로 화려한 성취나 그럴 듯한 열매가 나타나 사람들의 환호를 받는다 할지라도 그 안에 사랑이 전제되지 않은 것은 모두 헛됩니다. 오직 사랑에 의한 것만 진정한 열매가 됩니다.

우리의 모든 일의 결국은 사랑하고자 함입니다. 우리가 하는 일이 사랑에 의한 것이 되지 못하기 때문에 우리는 계명을 지킴으로 사랑을 배워 나가는 것입니다. 계명을 많이 지키면서 다른 사람보다 더 많은 의로움을 나타내는 것이 아닙니다. 오히려 계명을 지키면서 우리는 다른 사람을 사랑하고 하나님을 사랑하는 법을 배우게 됩니다. 이것이 계명을 주신 이유입니다. 사랑 없는 계명은 위험합니다. 다른 사람을 정죄하게 됩니다.

우리의 모든 행동이 사랑의 샘에서 나오도록 해야 합니다. 뿌리와 열매는 같은 것이어야 합니다. 사랑의 뿌리가 결국은 사랑의 열매를 맺습니다. 모든 것은 사랑으로 해야 합니다. 사랑의 마음 없이 하는 것은 가짜 열매입니다. 사랑 없이 하는 그 일은 헛일이 됩니다. 아직도 사랑이 가득하지 못한 나의 마음속에 사랑을 가득 담아야 합니다. 하나님으로부터 오는 사랑을 받아야 합니다. 변하지 않는 영원한 사랑을 품고 주어진 일을 하면 그 일 자체가 사랑이 될 수 있습니다. 십대여! 마음에 얼마나 사랑이 풍성한가요? 사랑이 가득찬 사람이 되십시오.

● 잠깐 쉼터

언어에도 색깔이 있습니다

알고 있나요?
눈으로 보이지 않는 언어도
사실은 아름다운 꽃처럼
자기의 색깔과 향기를 지니고 있다는 것을…….
당신은 어떤 색깔의 언어입니까?
당신은 어떤 향기를 풍기는 언어입니까?

기쁨의 열매  02

나는 여호와로 말미암아 즐거워 하며
나의 구원의 하나님으로 말미암아
기뻐하리로다

― 하박국 3:18

기쁨의 종류는 여러 가지입니다. 마음의 기쁨이 있고 육신적인 기쁨이 있습니다. 또 일시적인 기쁨이 있고 영원한 기쁨이 있습니다. 인간관계로 오는 기쁨이 있고 성취로 오는 기쁨이 있습니다. 하나님이 주시는 기쁨이 있고 세상이 주는 기쁨이 있습니다. 또, 나를 기쁘게 하는 기쁨이 있고 남을 기쁘게 하는 기쁨, 모두를 기쁘게 하는 기쁨이 있습니다.

● 이러한 기쁨 중에서 지금까지 어떤 기쁨을 사모했으며, 앞으로 어떤 기쁨을 갖고 싶은지 말해 보십시오.

● 지금까지 삶에서 가장 기뻤던 순간을 말해 보십시오.

● 실패와 고난과 슬픔이 오히려 기쁨을 주었던 경우가 있었으면 말해 보십시오.

말씀이야기 나누기

하박국 3:16-19을 읽고 서로 이야기를 나누어 보십시오.

1 하박국은 무슨 소식을 들었습니까?(16)

2 하박국이 당하는 환란의 정도를 말해 보십시오.(16)

3 이스라엘이 바벨론의 침략 때문에 황폐하여져서 어떤 상황에 놓이게 됩니까?(17)

4 하박국은 희망이 없는 상황에서 어떤 삶의 열매를 맺었습니까? 하박 국이 찬양하는 모습을 말해 보십시오.(18)

_____

_____

_____

5 하나님은 우리에게 어떤 분이십니까?(19)

_____

_____

_____

나는 여호와로 말미암아 즐거워 하며
나의 구원의 하나님으로 말미암아 기뻐하리로다

생각을 깊게 하는 대화

1_ 하박국은 남유다가 심판 당할 상황에도 절망하지 않고 하나님을 신뢰하기로 결정하였습니다. 하나님을 신뢰하고 기다린다는 것은 구체적으로 어떻게 삶으로 열매를 맺는 것을 의미합니까?

2_ 환란 속에서도 능히 기뻐할 수 있는 것이 진정한 기쁨입니다. 상황이 좋지 않음에도 이렇게 기뻐할 수 있는 이유는 무엇입니까?(참고, 롬 8:18; 살전 5:16; 빌 4:4)

생활 속에서 실천하기

1_ 현재 상황 속에서 나의 기쁨을 빼앗아가는 어려움은 무엇입니까?

2_ 어떤 상황에서도 기뻐할 수 있는 비결을 말해 보십시오.

3_ 오늘 말씀에서 특별히 깨달은 교훈은 무엇입니까?

항상 기뻐할 수 있어야 하는데……

살다 보면 항상 좋은 일만 생기는 것은 아닙니다. 때때로 도저히 견디기 힘든 어려움이 우리를 에워쌀 때가 있습니다. 그때마다 우리는 한숨을 쉬고 원망을 하며 때로는 인생을 포기하고 싶기도 합니다. 내가 원하는 대로 되지 않을 때 우리는 슬퍼합니다.

또한 원하지 않는 일이 갑자기 닥쳤을 때 우리는 괴로워합니다. 우리의 기쁨을 빼앗는 것들이 살다 보면 계속 다가옵니다. 인생에서 즐거운 날보다 슬퍼할 날이 더 많이 있습니다.

그것은 인간의 죄 때문입니다. 나의 삶이 편안하다 할지라도 우리는 다른 사람의 일 때문에 걱정하면서 괴로워합니다. 가족과 친구와 사랑하는 사람의 일로 인하여 마음 아파할 때가 많습니다. 십대 때에도 결코 즐겁지 않은 삶을 사는 사람들이 많습니다. 환경이 좋지 않아서 인생의 어려움을 당하고 있는 십대들이 많이 있습니다. 불투명한 미래를 생각하면 갑자기 울먹일 정도로 마음이 어려운 십대들도 있습니다.

이런 상황에서 우리는 상황과 관계없이 기뻐하는 법을 터득해야 합니다. 모든 것은 하나님이 하십니다. 인간이 아무리 애를 써도 하나님이 틀어 버리면 우리는 괴롭게 됩니다. 그러나 하나님이 해결하시면 한순간에 문제가 풀립니다. 이런 하나님이 나와 함께하신다는 것 하나만으로도 우리는 기뻐할 수 있어야 합니다. 하나님을 신뢰하고 그분을 기다리십시오. 언젠가는 응답해 주실 것입니다. 하나님이 살아 계시는 한 틀림 없이 우리의 기도가 응답될 것입니다.

잘 되는 길

"빠르다고 해서
달리기에서 이기는 것은 아니며
용사라고 해서
전쟁에서 이기는 것도 아니더라.
지혜가 있다고 해서
먹을 것이 생기는 것도 아니며
총명하다고 해서
재물을 모으는 것도 아니며
배웠다고 해서
늘 잘되는 것도 아니더라."

구약성경 전도서에 나오는 말씀입니다.
사람의 능력이 있으면 무언가 이루는 것 같지만
인간의 힘으로만 되는 것은 결코 아닙니다.
다른 초자연적인 신적인 힘이 임해야만 됩니다.
인간이 겸손하게 그 힘을 의지해야 합니다.

평화의 열매 03

아브람이 롯에게 이르되 우리는 한 친족이라
나나 너나 내 목자나 네 목자나 서로 다투게 하지 말자

—— 창세기 13:8

마음을 여는 & 대화

평화의 기도

— 성 프란체스코

주님,
저를 당신의 도구로 써주소서.
미움이 있는 곳에 사랑을
다툼이 있는 곳에 용서를
분열이 있는 곳에 일치를
의혹이 있는 곳에 신앙을
그릇됨이 있는 곳에 진리를
절망이 있는 곳에 희망을
어두움에 빛을
슬픔이 있는 곳에
기쁨을 가져오는 자 되게 하소서.
위로받기보다는 위로하고
이해받기보다는 이해하며
사랑받기보다는 사랑하게 해주소서.
우리는 줌으로써 받고
용서함으로써 용서받으며
자기를 버리고 죽음으로써
영생을 얻기 때문입니다.

● 위의 기도문을 읽고 각자 느낀 점을 말해 보십시오.

말씀이야기 나누기

창세기 13:1-13을 읽고 서로 이야기를 나누어 보십시오.

① 아브람이 애굽에서 롯과 함께 나올 때 재산이 어느 정도였습니까?(1-2)

② 아브람은 벧엘에서 무엇을 했습니까?(3-4)

③ 아브람과 롯의 일행이 서로 동거하지 못할 정도로 갈등이 생겼는데 그 이유는 무엇입니까?(5-7)

④ 아브람이 평화를 위해 조카 롯에게 무엇을 제의했습니까?(8-9)

⑤ 롯과 아브람은 각각 어느 쪽을 선택했습니까?(10-13)

아브람이 롯에게 이르되 우리는 한 친족이라 나나 너나 내 목자나
내 목자나 서로 다투게 하지 말자

생각을 깊게 하는 대화

1_ 아브람은 평화를 먼저 생각했습니다. 평화를 소중하게 여김으로 좋은 땅을 기꺼이 양보할 수 있었습니다. 아브람이 이렇게 해서 약속의 땅 가나안을 얻었습니다. 롯은 어둠의 땅 소돔을 얻었습니다. 이것을 통해 얻는 영적 교훈은 무엇입니까?(참고, 마 5:9)

_____

_____

_____

_____

2_ 왜 사람들은 화평보다는 자기의 소유에 더 많은 관심을 가지고 평화를 깨는 일을 서슴지 않습니까? 그리스도인이 화평하게 하는 일을 하기 위해서 마음에 품어야 할 것은 무엇입니까?(참고, 고후 5:18-21)

_____

_____

_____

생활 속에서 실천하기

1_ 나는 모든 일에 있어서 평화를 만드는 사람입니까, 평화를 깨는 사람입니까?

_____

_____

_____

2_ 사람의 관계를 생각하는 것은 화평 때문입니다. 그러나 소유를 더 생각하는 사람은 관계를 소중하게 여기지 않습니다. 나는 삶을 어떻게 살아갑니까? 물질 중심인가요, 사람 중심인가요?

_____

_____

_____

3_ 앞으로 평화를 만드는 사람으로 살아가기 위해서 내가 해야 할 일은 무엇입니까?

_____

_____

평화를 만드는 사람

세상의 삶을 보면 사람들이 화목하기보다는 서로 반목하고 이기심을 가지고 자기의 욕망을 추구하는 모습이 많습니다. 왜 그럴까요? 사람들이 서로 화목하게 지내면 좋은데 왜 이런 현상이 생길까요? 그것은 인간이 지은 죄 때문입니다. 죄는 하나님과 인간이 서로 원수 관계가 된 것을 말합니다. 인간이 하나님과 화목하지 못하고 평화하지 못하다보니 자연히 인간의 삶도 불화하게 되었습니다. 인간과 평화하기 위해서는 가장 먼저 하나님과 화해를 이루어 구원을 받아야 합니다. 하나님의 자녀가 되어야 합니다. 이렇게 되면 우리가 다른 사람들을 같은 하나님의 자녀로 보기에 쉽게 화해할 수 있습니다.

가족과는 화해가 잘 이루어집니다. 같은 혈육이라는 생각 때문입니다. 그러나 다른 사람과의 화해는 어렵습니다. 하나님과 화해를 이루게 되면 다른 시각으로 사람들을 보게 되고 시선이 달라지게 됩니다. 모두가 주님 안에서 한 형제라는 시각이 생기면서 자연히 그들을 사랑하게 되고 좋은 관계를 이루게 됩니다.

사람들이 서로 평화를 이루지 못하는 것은 물질 때문입니다. 어느 순간에 물질의 욕심을 가지면 인간관계가 깨지고 오히려 사람을 이용하게 됩니다. 그러나 이것은 잘못입니다. 하나님은 사람에게 관심이 있습니다. 사람과 평화하는 일이 어느 것보다 중요합니다. 우리는 평화를 만드는 사람으로 부름을 받았습니다. 어디서든지 평화를 만드는 사람으로 살아야 합니다. 평화가 없는 곳에 평화를 세우는 사람으로 서야 합니다.

사람은

"사람은 조물주의 상."
인생을 많이 노래하고 이야기한 셰익스피어의 말입니다.
성경은 인간을 "하나님의 형상" 이라고 말합니다.
셰익스피어의 말과 성경의 이야기 모두 같은 맥락입니다.
나에 대해 이렇게 말해 보십시오.
"나는 하나님의 형상입니다."
갑자기 내가 대단해 보이지 않습니까?

온유의 열매 04

혹시 **여호와**께서 나의 원통함을 감찰하시리니 오늘 그

저주 때문에 여호와께서 **선**으로 내게 갚아 주시리라

— 사무엘하 16:12

마음을 여는 & 대화

다음은 사람들이 온유에 대해 내린 정의입니다.

웨슬리 : 온유는 극단을 피하는 마음, 인간 정서의 균형을 잃지 않는 상태
이다.

슈바이처 : 온유는 분노와 잔인성 혹은 적대감을 갖지 않는 친절하고 자비
한 행동을 뜻한다.

본회퍼 : 그리스도를 위하여 자신의 권리까지도 모두 포기한 사람이 온유
한 사람이다.

● 온유에 대한 나의 정의를 내려보십시오.

● 주위에 있는 온유한 사람을 찾아 적어 보십시오.

말씀이야기 나누기

사무엘하 16:5-14을 읽고 서로 이야기를 나누어 보십시오.

① 다윗을 저주한 시므이는 어떤 사람입니까?(5)

② 시므이는 다윗에게 뭐라고 저주했습니까?(6-8)

③ 시므이가 저주하는 모습을 보고 다윗의 측근인 스루야의 아들 아비새가 무엇을 요청했습니까?(9)

④ 다윗은 아비새의 요청을 거절하였는데 그 이유는 무엇입니까?(10-12)

⑤ 다윗과 그와 함께 하는 사람들에게 시므이는 뭐라고 저주했습니까?(13-14)

생각을 깊게 하는 대화

1_ 온유함은 절제된 행동을 말합니다. 자기의 감정과 욕망을 말씀으로 잘 조정할 때 온유할 수 있습니다. 온유함은 지도자의 덕목입니다. 어떻게 해야 온유한 사람이 될 수 있습니까? 온유한 사람에게 주시는 하나님의 축복을 말해 보십시오.(마 5:5, 11:29, 27:39-44; 사 53:7)

2_ 다윗이 압살롬에게 쫓겨 다니는 실패의 상황에서 시므이는 다윗을 모욕적인 말로 저주하였습니다. 그러나 다윗은 하나님의 뜻으로 이해하고 그를 죽이지 않았고 저주를 그대로 받아들였습니다. 나중에 압살롬이 죽어 다윗이 환궁할 때는 시므이가 돌이켜 다윗을 영접했습니다. 그때도 죽이라는 주위의 요구를 거절하고 그를 받아들였습니다. 이것을 통해 발견되는 다윗의 온유함을 말해 보십시오.(참고, 삼하 19:21-23)

생활 속에서 실천하기

1_ 온유한 사람이 되기 위해서 내가 훈련해야 하는 것은 무엇입니까?

2_ 나는 삶에서 어느 때 온유함을 드러내지 못하고 감정을 참지 못하는지 말해 보십시오.

3_ 오늘 말씀을 통해 도전 받는 내용은 무엇입니까?

온유함을 소유한 리더를 꿈꾸라

지도자에게 가장 필요한 덕목은 온유함입니다. 한때 세기의 정복자로 이름을 떨쳤던 그리스의 알렉산더 대왕은 자기를 절제하지 못해 부하를 죽였으며 마지막은 실패를 맛보아야 했습니다. 모세도 대단한 지도자로서 사명을 감당했지만 자기를 절제하지 못하고 하나님의 말씀을 거역하여 반석에 지팡이를 쳐서 물을 냄으로 가나안 땅에 들어가지 못했습니다. 사람이 자기를 절제하면서 마음의 평정과 온유함을 유지하기가 쉽지 않습니다. 인생의 실패는 대부분 자기의 감정을 절제하지 못해 생긴 것입니다.

마음을 세상에 두면 우리의 마음은 한순간도 잡을 수 없이 흔들리게 됩니다. 마치 바람에 흔들려 요동하는 풍랑과도 같습니다. 우리의 마음이 하나님께 소망을 두고 늘 주님이 나의 마음을 지배하도록 해야 합니다. 말씀으로 충만하여 하나님의 약속이 나를 이끌어 가야 합니다. 이렇게 되면 나의 마음을 평정할 수 있습니다. 나의 감정과 기분에 의지하기보다는 하나님의 뜻에 따라 움직이면 감정을 조절할 수 있습니다. 감정에 사로잡힌 스루야의 아들과 달리 다윗은 하나님의 뜻에 마음을 두고 있다 보니 인간적인 결정을 하지 않았습니다. 한순간의 혈기에 좌우되지 않았습니다. 다윗을 통해 진정한 지도자의 덕목을 보게 됩니다. 그리스도인은 넉넉하게 용서하고 참고 기다리며 하나님께 모든 것을 맡기는 사람이어야 합니다. 그러면 온유함이 저절로 생깁니다. 십대여! 주님의 마음을 가득 품는 위대한 지도자를 꿈꾸십시오.

어느 병원 로비의 글

미국 필라델피아의 어느 병원 로비에 다음과 같은 글을 적은
액자가 걸려 있습니다.

"사람의 마음을 편안하게 하고
육체에 힘을 불어넣어 주는 것은
종교, 잠, 음악, 웃음이다.
신을 믿으라.
그러면 잠잘 수 있게 된다.
음악을 즐겨라.
인생의 즐거운 면을 볼 수 있게 된다.
그리하여 건강과 행복이 찾아온다."

이유는 모르지만 지금 힘이 빠져 있고 마음이 불안하다면
이 방법을 사용해 보세요.
그 중에서 가장 먼저 할 것을 고르라면 저는 하나님을 믿으라고 권하고 싶습니다.
그러면 나머지 모든 것을 다 얻게 될 테니까요.

자비의 열매 05

이르되 **자비**를 베푼 자니이다 **예수**께서 이르시되
가서 너도 **이와 같이** 하라 하시니라

— 누가복음 10:37

다음은 어느 신문 기사의 일부입니다.

청소년 10명 가운데 4명 가량은 집단 따돌림을 당한 경험이 있으며 8명은 학교 내 따돌림 현상이 심각한 수준이라고 생각하는 것으로 조사됐다. 왕따닷컴(www.wangtta.com)을 통해 초·중·고교생 410명을 대상으로 인터넷 설문조사를 실시한 결과 전체 응답자의 39.5%가 집단 따돌림을 당한 경험이 있다고 답했다고 밝혔다. 또 응답자의 42.4%는 교내에서 행해지는 집단 따돌림이 '심각하다'고 대답했고 '매우 심각하다'는 응답도 38.0%에 달해 따돌림 현상이 심각하다고 생각하는 학생이 80.4%에 달했다.
집단 따돌림을 가하는 이유로(중복응답)는 '피해학생이 마음에 안 들어서'란 답이 68.3%로 가장 많았고 '별 생각 없이 장난삼아'(30.7%), '괴롭히는 것을 즐기고 스트레스를 풀려고'(28.8%) 순으로 조사됐다. (서울=연합뉴스)

1. 위의 신문 기사를 읽고 나의 생각을 말해 보십시오.

2. 나는 주위에서 왕따를 본 경우나 내가 당한 경험이 있습니까? 그때의 경험을 이야기해 보십시오.

말씀이야기 나누기

누가복음 10:25-37을 읽고 서로 이야기를 나누어 보십시오.

1 율법사가 예수님을 시험하려고 무엇을 질문했습니까?(25)

2 예수님과 율법사와의 대화를 통해 발견되는 성경이 교훈하는 중요한 가치는 무엇입니까?(26-28)

3 율법사가 자기가 행한 일을 옳게 보이려고 이웃에 대한 질문을 했을 때 예수님이 들려준 비유 이야기를 정리해 보십시오.(29-35)

4 비유에서 나타난 강도 만난 자의 이웃은 누구입니까?(36-37)

5 예수님은 교훈을 깨닫게 하신 후에 율법사에게 무엇이라 명했습니까?(37)

생각을 깊게 하는 대화

1_ 사랑의 또 다른 얼굴은 자비의 삶입니다. 사마리아 사람이 자비를 베풀게 된 이유는 무엇입니까? 레위와 제사장은 왜 그냥 지나갔습니까?

2_ 자비로운 마음을 가지고 있어도 그것이 행동으로까지 이어지지 못하는 이유는 무엇입니까? 또 갑자기 사람에게 무자비한 행동을 종종 하는 이유는 무엇입니까?(참고, 마 18:23-35)

3_ 하나님은 자비로우신 분입니다. 하나님은 예수님을 십자가에 죽게 함으로 우리에게 자비를 베풀어 주셨습니다. 우리가 배워야 할 하나님의 자비하심을 말해 보십시오.(참고, 롬 5:6-11)

생활 속에서
실천하기

1_ 나는 주변의 사람들에게 얼마나 자비를 베풀고 있습니까? 어려운 사
람을 무시하거나 오히려 학대하지 않았는지 말해 보십시오.

_____

_____

_____

_____

2_ 자비로운 삶을 살기 위해서 매일 내가 훈련해야 할 것은 무엇입니까?

_____

_____

_____

_____

3_ 나에게 베풀어주신 하나님의 자비하심의 은혜를 각자 말해 보십시오.

_____

_____

_____

하나님의 자비하심을 내게 주소서

'사촌이 땅을 사면 배가 아프다' 라는 속담이 있습니다. 다른 사람에게 좋은 일이 생기거나 복을 받으면 축하해주어야 하는데 인간의 마음속에 자꾸 시기가 생기는 이유는 무엇일까요? 남이 잘되는 것을 좋아하지 않고 헐뜯는 사람들이 있습니다. 사람들은 다른 사람이 잘되는 것을 좋아하지 않는 죄악된 속성을 지니고 있습니다. 남이 실패하는 것을 고소해하며 은근히 바라는 악한 사람도 있습니다. 전쟁이나 싸움터에서, 또는 생존 경쟁의 삶에서 잔인할 정도로 다른 사람을 파멸시키고 어렵게 하는 사람들이 있습니다. 평상시에는 좋은 사람인데 자기가 해를 당하면 갑자기 돌변하여 등을 돌리고 잔인하게 대합니다. 이것은 세상에서 흔히 있는 일입니다. 이렇듯 누구에게나 속성상 악한 것이 있음을 알 수 있습니다. 본래 인간에게는 자비가 없습니다. 오직 하나님에게만 자비하심이 있습니다. 하나님을 믿으면서 우리는 풍성한 하나님의 자비하심을 많이 배워야 합니다. 그리고 그 자비하심으로 다른 사람을 사랑하고 자비를 베풀어야 합니다. 마음이 강퍅하면 남에게 자비를 베풀지 못합니다. 나 중심에서 하나님 중심으로 바뀌어야 합니다. 주님이 나에게 베풀어주신 은혜를 생각하면서 다른 사람을 바라보면 어느날 그들이 불쌍하게 보일 것입니다. 내 힘으로는 자비를 베풀 수 없습니다. 오직 하나님의 자비하심을 많이 체험해야 합니다. 십대여! 오늘도 주님에게 자비로운 마음을 갖게 해달라고 기도합시다.

그분은 더욱 사랑하십니다

이 세상에서 실패하셨기에
실패한 당신을 그분은 더욱 사랑하십니다.
이 세상에서 고난당하셨기에
고난당한 당신을 그분은 더욱 사랑하십니다.
이 세상에서 외로우셨기에
외로운 당신을 그분은 더욱 사랑하십니다.
이 세상에서 배반당하셨기에
배신당한 당신을 그분은 더욱 사랑하십니다.
이 세상에서 연약해지셨기에
연약한 당신을 그분은 더욱 사랑하십니다.
이 세상에서 핍박당하셨기에
핍박당한 당신을 그분은 더욱 사랑하십니다.
이 세상에서 조롱당하셨기에
비난당하는 당신을 그분은 더욱 사랑하십니다.
이 세상에서 아픔을 당하셨기에
극심한 아픔에 있는 당신을 그분은 더욱 사랑하십니다.

선함의 열매 06

욥바에 다비다라 하는 여제자가 있으니 그 이름을 번역하
면 도르가라 선행과 구제하는 일이 심히 많더니
— 사도행전 9:36

마음을 여는 &대화

자선에 대한 유대인의 격언입니다. 다음을 읽고 생각을 나누어 보십시오.

자선을 베푸는 사람의 네 가지 유형

1. 자신이 자선을 베푸는 것은 좋아하지만 남이 같은 종류의 자선을 베푸는 것은 싫어하는 사람으로 이 유형은 질투가 많다.
2. 남이 자선을 베푸는 것은 원해도 자신은 베풀고 싶어 하지 않는 사람으로 자기를 낮추는 사람이다.
3. 자기도 기꺼이 자선을 행하고 남도 자선을 베풀 것을 바라는 사람인데 이 유형은 착한 사람이다.
4. 마지막으로 자기도 자선을 베풀기 싫어하고 남이 자선을 행하는 것도 싫어하는 유형이 있는데 이것은 완전한 악인의 유형이다.

● 나는 위의 유형 중에서 어떤 유형의 사람입니까?

● 자선을 받았거나 베푼 경험을 이야기해 보십시오.

말씀이야기 나누기

사도행전 9:36-43을 읽고 서로 이야기를 나누어 보십시오.

1 욥바에 베드로의 여제자가 있었는데 그녀가 누구인지 말해 보십시오.(36)

2 다비다가 어떻게 되었습니까?(37)

3 다비다의 죽음을 보고 과부들이 베드로 곁에서 다비다가 살아 있을 때 한 일을 보였는데 그 일이 무엇인지 말해 보십시오.(38-39)

4 베드로는 선행을 베푼 다비다를 어떻게 살렸습니까?(40-41)

5 이 일이 일어난 후에 욥바의 사람들에게 어떤 변화가 일어났습니까?(42-43)

생각을 깊게 하는 대화

1_ 살아 있을 때 한 다비다의 선행과 구제는 주변 사람들에게 큰 영향을 끼쳤습니다. 하나님께서는 은혜를 베풀어 그런 사람을 살아나게 하셨습니다. 다비다가 죽었을 때 모든 과부들이 슬퍼하며 다비다가 자기들에게 주었던 옷을 보이는 행동을 취했습니다. 다비다의 선행의 모습을 통하여 그리스도인이 어떤 선행을 해야 하는지 정리해 보십시오.(참고, 행 2:47, 10:1-2)

2_ 선행은 자연스러운 믿음의 결과로 나타나야 합니다. 행동으로 나타나야 살아 있는 믿음입니다. 잘못된 선행에 대해 말해보고, 그리스도인의 삶에서 선행의 열매가 나타나려면 평소에 어떤 삶을 살아야 하는지 이야기해 보십시오.(참고, 마 6:1-4)

생활 속에서 실천하기

1_ 만약 오늘 내가 죽었다면 주변 사람들이 나에 대해서 어떻게 평가할 거라 생각합니까?

2_ 나는 어떻게 선행을 베풀고 있는지 생활 속에서 행하는 작은 것을 나누어 보십시오.

3_ 선행을 통하여 주님을 자연스럽게 전할 수 있는 방법은 많이 있습니다. 하나를 선택한다면 무엇입니까?

선한 그리스도인

하나님은 좋으신 분입니다. 우리가 믿는 하나님은 선한 분입니다. 하나님을 믿는 사람의 삶에는 당연히 선함이 나타나야 합니다. 하나님을 알아갈수록 우리 안에 하나님의 선함이 드러나야 합니다. 세상은 악하지만 그리스도인은 악을 선으로 이겨야 합니다. 언제나 악을 악으로 대하지 말고 선함으로 대해야 합니다. 우리 안에 선함이 가득할 때 악을 이길 수 있습니다. 나를 남보다 더 생각하는 것이 악입니다. 선함은 자신의 유익을 구하기보다는 남의 아픔과 어려움을 먼저 생각하며 그들에게 자비를 베푸는 것입니다. 구제와 착한 일을 많이 하는 사람은 하나님께서 축복해주십니다. 착한 일은 내일 하면 늦습니다. 오늘 만나는 사람에게 착하게 대하고 구제하고 베풀어야 합니다. 베풀 수 있는 손이 있을 때 많이 구제하고 남을 도와주어야 합니다. 우리의 선한 행위를 통하여 하나님은 구원을 이루십니다. 다비다가 구제와 선행을 많이 행한 것을 주님이 아시고 베드로를 통하여 죽음에서 살려주셨습니다.

주님의 이름으로 한 일은 결코 헛되지 않습니다. 하나님의 마음을 품고 주의 이름으로 어린 소자에게 행한 작은 선한 일을 하나님은 기억하고 있습니다. 오늘도 나에게 손을 벌리는 사람을 거절하지 말고 그들을 도와주고 선행을 베풀어야 합니다. 하나님께서 선하신 것처럼 우리도 사람들에게 선해야 합니다. 선행의 손길이 많아질수록 하나님의 나라는 아름답게 건설될 것입니다.

잔소리를 격려로

"사람들은 잔소리하는 대로가 아니라 격려해주는 대로 된다."

영국의 속담입니다.
가까운 사람에게 잔소리 하고 싶을 때 한번쯤 생각해 보고 실천하면 어떨지요.
남편, 아내, 자녀, 연인, 제자에게 말입니다.
그러면 지금 내가 보고 있는 이 모습보다는 훨씬 좋아지지 않을까요?

인내의 열매 07

그가 주의 그리스도를 보기 전에는
죽지 아니하리라 하는 성령의 지시를 받았더니

— 누가복음 2:26

다음의 이야기를 읽고 느낀 점을 말해 보십시오.

65세의 한 노인이 오랫동안 경영하던 사업에서 완전히 실패했습니다. 그에게 남은 것이라고는 집 한 채와 낡은 자동차와 은퇴 보장돈인 105달러 뿐이었습니다. 물질적인 것 이외에 노인에게 남은 것이 하나 더 있었는데 그것은 세상의 어떠한 어려움으로도 건드릴 수 없는 그의 마음속에 있는 꿈이었습니다.

그는 평생 요식 사업을 했습니다. 그에게는 틀림없이 히트 칠 것이라 믿는 한 가지 요리 비법이 있었습니다. 그는 은퇴하여 빈둥거리면서 살고 싶지 않았습니다. 그는 힘닿는 한 계속 일을 하여 인생의 투쟁을 하고 싶었습니다. 그는 단호히 "나는 녹이 슬어 사라지기보다는 다 닳아 빠진 후에 없어지리라!'는 말로 결심을 다졌습니다. 그는 어려움을 인내하며 포기하지 않고 켄터키주에서 다시 사업을 시작했습니다. 그는 닭튀김 장사를 했습니다. 그는 열심히 일하여 미국의 전 지역에 수백 개의 닭튀김 가게를 확장했습니다. 이것이 바로 전 세계적으로 유명한 '켄터키 후라이드 치킨' 입니다.

● 이 글을 읽고 느낀 점은 무엇입니까?

말씀이야기 나누기

누가복음 2:25-39을 읽고 서로 이야기를 나누어 보십시오.

① 시므온은 어떤 사람입니까?(25)

② 시므온은 성령의 어떤 지시를 받았습니까?(26)

③ 시므온이 어떻게 주님을 만나게 되었는지 그 과정과, 그가 어떤 찬양을 불렀는지 말해 보십시오.(27-35)

4 안나 선지자가 누구인지 말해보고, 그가 어떻게 주님을 기다렸는지 이야기해 보십시오. (36-37)

_____

_____

_____

5 안나가 어떻게 주님을 만났는지 그 과정을 말해 보십시오. (38-39)

_____

_____

_____

그가 주의 그리스도를 보기 전에는 죽지 아니하리라 하는 성령의 지시를 받았더니

생각을 깊게 하는 대화

1_ 복은 아무에게나 오지 않습니다. 복은 언제나 기다리는 자에게 옵니다. 본문에 나오는 하나님을 잘 믿는 시므온과 안나의 공통점은 무엇입니까? 아울러 성경의 다른 인물들과 비교하면서 말해 보십시오.(아브라함, 요셉, 모세 등)

2_ 약속을 믿고 기다리다가 결국 두 사람은 메시아를 만나는 복을 받았습니다. 그리고 시므온은 주님을 눈으로 직접 보고 찬양하는 특권을 받았습니다. 이들을 오랫동안 기다리며 인내하게 하였던 것은 무엇입니까? 인내하는 사람에게 주시는 하나님의 축복들을 열거해 보십시오.(참고, 벧전 5:6; 벧후 1:6)

3_ 왜 하나님은 우리에게 즉시 주시지 않고 오래 기다리게 하십니까?(참고, 요 2:1-10; 갈 6:9)

생활 속에서 실천하기

1_ 현재 내가 인내하면서 기다리고 있는 것을 말해 보십시오. 몇 년 기다렸습니까? 인내의 결과로 받은 하나님의 은혜를 말해 보십시오.

2_ 참고 인내하지 못하는 나의 모습을 고백하고 왜 그런 현상이 일어났는지 말해 보십시오.

3_ 시므온과 안나와 같이 기다리고 인내하는 신앙을 갖기 위해서 내가 힘써야 할 것은 무엇입니까?

가장 좋은 것일수록 늦게 옵니다

약속한 사람을 오랫동안 기다려 본 적이 있습니까? 정한 시간이 지났음에
도 오지 않을 때 우리는 많은 생각을 하게 됩니다. 혹시 사고가 났는지, 아
니면 약속을 잊어 버렸는지. 점점 시간이 가면서 우리는 갈등하게 됩니다.
그냥 갈까 아니면 더 기다릴까? 이때 상대방을 오랫동안 기다리게 하는
것은 무엇일까요? 그것은 약속입니다. 상대방에 대한 신뢰가 있으면 계속
기다리게 됩니다. 상대방에 대한 믿음이 얼마냐에 따라 기다리는 정도는
달라집니다.

하나님과의 관계도 마찬가지입니다. 하나님의 약속을 받은 사람은 기다리
는 데 익숙합니다. 그러나 약속이 없는 자는 가다리지 못합니다. 하나님의
약속은 아무 때나 이루어지지 않고 언제나 하나님께서 정한 때에 이루어
집니다. 하나님의 때가 차기까지는 아무리 우리가 기도해도 그 시간을 앞
당기지 않습니다. 오래 기다릴수록 우리는 믿음이라는 유익을 얻게 됩니
다. 빨리 얻는 것보다 오래 기다리고 인내하면서 얻을 때 우리는 중요한
것을 덤으로 얻습니다. 우리는 손에 잡히는 것만 생각하고 눈에 보이는 것
만 바라봅니다. 그러나 눈에 보이지 않는 믿음과 신뢰를 얻는 것이 더 중
요합니다. 하나님은 하나님과 우리의 관계가 깊어지기 원하십니다. 하나
님이 언제나 선한 분이심을 믿습니까? 선택한 사람은 결코 버리지 않음을
믿습니까? 그러면 약속을 믿고 인내하면서 참고 기다리는 삶을 살아야 합
니다. 가장 좋은 것은 늦게 오는 법입니다. 기다리는 만큼 맛있는 극상품
이 주어질 것입니다.

안나와 시므온이 언뜻 보기에는 바보같이 오래 기다린 것 같았지만 하나
님의 때가 되자 그들은 메시아를 만나는 최고의 복을 얻었습니다.

좋은 생각을 심으라

오랜 격언에 이런 말이 있습니다.

생각을 심으면 행동을 거두고
행동을 심으면 습관을 거두고
습관을 심으면 성품을 거두고
성품을 심으면 운명을 거둔다.

사람은 생각하는 대로 행동합니다.
그러므로 무엇을 생각하느냐가 중요합니다.
우리의 갑작스러운 행동도 평소 생각했던 것들에서 나오는 것입니다.

충성의 열매

그 주인이 이르되 잘하였도다 착하고 충성된 종아
내가 적은 일에 충성하였으매 내가 많은 것을 네게 맡
기리니 네 주인의 즐거움에 참여할 지어다 하고

— 마태복음 25:21

마음을 여는 &대화

다음은 일본 식민지 시대 때 신사참배 반대로 순교한 주기철 목사님의 '대의정절' 이란 기도시입니다.

아! 내 주 예수의 이름이 땅에 떨어지누나

평양아! 평양아! 예의 동방에 내 예루살렘아!

영광이 네게서 떠나도다

모란봉아 ! 통곡하라

대동강아! 천백세에 흘러가며 나와 함께 울자!

드리리라 드리리라 이 목숨이나마 주님께 드리리라

칼날이 나를 기다리느냐?

나는 저 칼날을 향하여 나아가리라

"누가 우리를 그리스도의 사랑에서 끊으리요

환난이나 곤고나 핍박이나 기근이나 적신이나 위험이나 칼이랴"

죽고 죽어 일백 번 고쳐 죽어도 주님 향한

대의 정절을 변치 아니하오리다

십자가, 십자가 주님이 지신 십자가 앞에 이 몸을 드립니다

우린 초로인생 살면 며칠입니까?

인생은 짧고 의는 영원합니다

● 주기철 목사님의 충성스러운 신앙의 모습에서 도전 받는 모습을 말해 보십시오.

말씀이야기 나누기

마태복음 25:14-30을 읽고 서로 이야기를 나누어 보십시오.

1 어떤 사람이 타국에 가면서 그 종들에게 각각 달란트대로 소유를 맡겼습니다. 어떻게 소유를 맡겼는지 말해 보십시오.(14-15)

2 세 명의 종들은 받은 달란트를 어떻게 남겼습니까?(16-18)

3 주인이 돌아와서 계산할 때 다섯 달란트 받은 자와 두 달란트 받은 자에게 한 말을 정리해 보십시오.(19-23)

④ 한 달란트 받은 사람은 왜 한 달란트를 그대로 가지고 왔습니까?(24-25)

⑤ 한 달란트 받은 사람에게 주인은 어떤 책망의 말을 했습니까?(26-30)

생각을 깊게 하는 대화

1_ 충성은 자기에게 주어진 일을 최선을 다해 노력하여 열매를 맺는 것입니다. 다섯 달란트와 두 달란트 받은 사람에게 한 주인의 칭찬은 남긴 이윤이 다름에도 동일합니다. "착하고 충성된 종아 네가 작은 일에 충성하였으매 내가 많은 것으로 네게 맡기리니……" 주인은 동일하게 왜 작은 일이라고 말했을까요?

2_ 한 달란트 받은 자의 문제점을 말해 보십시오. 그가 자기 일에 충성하지 못한 이유는 무엇입니까?

3_ 하나님과 인간의 관계에서 신뢰를 갖게 하는 것은 충성입니다. 충성은 신실, 성실, 진실이라는 말과도 연관되는데 왜 하나님과 사람들은 우리에게 충성을 요구합니까?(참고, 계 1:9, 2:10)

생활 속에서 실천하기

1_ 어느 때나 우리는 맡은 일에 최선을 다하고 충성을 다하는 사람이 되어야 합니다. 하나님은 그런 사람을 찾으십니다. 이것을 위해 우리가 삶속에서 맺어야 할 열매는 무엇입니까?(원망, 불평 등과 관련하여)

2_ 현재 하나님이 나에게 맡긴 일은 무엇입니까? 그 일을 나는 어떻게 하고 있는지 말해 보십시오.

3_ 하나님과 사람에게 충성을 다하기 위하여 내가 훈련받아야 할 것은 무엇입니까?

작은 일부터 충성하라

어떤 일에 충성한다는 것은 쉽지 않습니다. 특히 끝까지 충성하기는 더욱 어렵습니다. 죽기까지 충성하려면 목숨을 담보로 내놓아야 합니다. 이렇게 되기 위해서는 상대방에 대한 확고한 믿음과 신뢰가 전제되어야 합니다. 또 큰 일에 충성하려면 작은 일부터 충성하는 법을 배워야 합니다. 하나님은 작은 일에 충성할 때 많은 일을 맡기십니다.

지금 주어진 작은 일에 충성하는 자를 하나님은 찾으십니다. 사람들은 큰 일이 더 어렵다고 하지만 실제로는 큰 일보다도 작은 일이 더 어렵습니다. 큰 일은 사람들이 서로 하려고 하지만 작은 일은 사람들이 기피합니다. 작은 일을 소중하게 여기는 사람이 큰 일도 소중하게 생각합니다. 큰 것은 모두 작은 것에서 시작합니다. 큰 것의 진정한 가치는 작은 것에서 찾아야 합니다. 작은 일에 충성한다는 것은 이미 많은 부분에서 훈련이 된 것을 의미합니다.

시대가 점차 작은 것보다는 큰 것을 좋아합니다. 그러다 보니 작은 것의 가치가 점차 사라지고 있습니다. 그러나 위대한 일은 언제나 작은 것에서 시작되었습니다. 작은 일에, 또 오늘 일에 최선을 다하는 자세가 필요합니다. 자발적인 발로에서 나오는 것이 진정한 충성이 됩니다. 남이 시켜서, 체면과 지위 때문에 어쩔 수 없이 하는 충성은 진정한 충성이 아닙니다. 작은 것을 소홀히 하는 충성은 오래 가지 못하고 변질될 수 있습니다. 오늘 나는 어떤 충성을 하고 있습니까?

● 잠깐 쉼터

파랑새 찾기

"파랑새를 찾아 깊은 숲에도 가보고
호화찬란한 궁전에도 가 보았으나
거기에도 파랑새는 없었다.
실망하여 집에 돌아오니
집의 추녀 끝에 파랑새가 있었다."

마테를 링크의 《파랑새》에 나오는 글입니다. 많은 사람들이 사랑하고 인용하는
내용이기도 합니다. 행복은 멀리 있는 것이 아니라 가장 가까운 곳에 있습니다.
다시 말하면 다른 사람에게 있는 것이 아니라 나 자신에게 있습니다.

절제의 열매 **09**

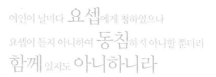

여인이 날마다 **요셉**에게 청하였으나

요셉이 듣지 아니하여 **동침**하지 아니할 뿐더러

함께 있지도 **아니하니라**

— 창세기 39:10

아담과 하와가 에덴동산에서 뱀의 유혹을 받아 선악과를 먹었습니다. 자기의 본분을 잊고 하나님의 것에 도전하였습니다. 그 결과 에덴동산에서 아담과 하와는 쫓겨났습니다.

1. 왜 하와가 자기의 본분을 넘어 선악과를 먹었습니까?

2. 어떻게 하면 자기의 분수를 알고 절제할 수 있는지 말해 보십시오.

말씀이야기 나누기

창 39:6-18을 읽고 서로 이야기를 나누어 보십시오.

1 주인 보디발은 종인 요셉에게 어떤 직책을 맡겼습니까?(6)

2 주인의 아내가 요셉을 어떻게 유혹했습니까?(7)

3 요셉은 주인의 아내의 유혹을 어떻게 거절했습니까?(8-9)

④ 주인의 아내가 어떻게 요셉을 유혹하는지 말해 보십시오. (10-12)

⑤ 요셉은 어떻게 유혹을 이겨냈습니까?(12-13)

⑥ 보디발의 아내가 어떻게 죄를 요셉에게 전가했는지 말해 보십시오. (14-18)

여인이 날마다 요셉에게 청하였으나 요셉이 듣지 아니하여 동침하지
아니할 뿐더러 함께 있지도 아니하니라

1_ 요셉이 보디발의 아내의 유혹을 이기고 자기 정욕을 절제하며 위험을 잘 넘길 수 있었던 이유는 무엇입니까?

2_ 절제는 하나님이 세우신 질서를 지키는 것입니다. 정도를 넘어 타락하면 아직 절제의 훈련이 안 된 것입니다. 자기의 분수를 알고 그 분량에서 모든 것을 할 때 하나님의 사랑을 받을 수 있습니다. 그러나 정도를 넘어 가면 하나님의 심판이 있습니다. 이 원칙은 모든 생활에 동일하게 적용됩니다. 이것이 주는 영적 교훈은 무엇입니까?

생활 속에서 실천하기

1_ 내가 가장 절제하기 힘든 것은 무엇입니까?

2_ 모든 면에서 절제를 잘하기 위해서 내가 숙지해야 할 지침을 말해 보십시오.

3_ 오늘 말씀에서 도전 받은 내용은 무엇입니까?

오직 말씀으로만

사람이 자기를 절제하는 것처럼 어려운 일은 없습니다. 욕심을 제어하기가 얼마나 힘든지 누구나 한번쯤은 경험해서 압니다. 예를 들면 음식에 대한 욕심, 성적인 욕심, 물질과 명예에 대한 욕심 등입니다. 인간이 가지는 욕망을 절제하고 필요한 만큼 가지며 자족한다는 것은 인간의 노력으로 쉽지 않습니다. 인간은 한번 욕심에 사로잡히면 쉽게 욕심의 노예가 되고 맙니다. 인간은 욕망에 약합니다. 태생적으로 인간은 자기중심적입니다. 자기만족에 강합니다. 계속 마셔도 목이 마르는 것처럼 갖고 싶고 먹고 싶은 욕심이 사라지지 않습니다. 이런 욕망을 스스로 절제한다는 것은 거의 불가능합니다. "혀는 능히 길들일 사람이 없나니 쉬지 아니하는 악이요 죽이는 독이 가득한 것이라" (약 3:8)고 성경은 말합니다. 이것은 혀뿐 아니라 인간의 마음속에 숨어 있는 욕심과 정욕까지 그대로 적용됩니다. 어떤 인간이든지 상황과 조건이 주어지면 무섭게 자기 욕망을 추구하는 존재로 바뀝니다.

절제는 성령이 주시는 열매입니다. 절제는 인간 스스로 얻을 수 있는 것이 아닙니다. 하나님의 말씀만이 인간의 욕심을 제어할 수 있습니다. 하나님의 말씀에 사로잡히지 않으면 악한 것을 거부하기 쉽지 않습니다. 우리가 가진 경험이나 생각으로는 우리 자신을 제어하기가 쉽지 않습니다. 진리된 하나님의 말씀이 우리를 지배할 때 우리는 욕심에서 벗어날 수 있고 절제할 수 있습니다. 요셉이 여주인의 끈질긴 유혹에도 불구하고 그것을 뿌리칠 수 있었던 것은 하나님에 대한 인식 때문이었습니다. 십대여! 나는 지금 무엇에 지배받고 있습니까?

● 잠깐 쉼터

운명아 비켜라

'자기 앞 길에 어떠한 운명이 기다리고 있는가?
그것을 묻지 말고 앞으로 나아가라!
그리고 담대하게 자기의 운명에 직면하라.'
이것은 옛말이지만 거기에 인생의 풍파를 헤치고
넘어 가는 묘법이 있다.
"운명을 겁내는 사람은 운명에 먹히고
운명에 부닥치는 사람은 운명이 길을 비킨다."
독일의 수상이었던 비스마르크의 말입니다.
사람에게 닥친 시련을 넘는 것이 그리 쉽지 않습니다.
갑자기 앞에 나타난 큰 산을 보고 겁에 질릴 수도 있습니다.
그러나 산은 넘기 위해 있는 것이지 보기 위해 있는 것이 아닙니다.
아무리 큰 산이라도 그것은 정복될 수 있습니다.
세상에 있는 어떤 것도 사람을 능가하는 것은 없습니다.

겸손의 열매  10

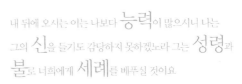

내 뒤에 오시는 이는 나보다 능력이 많으시니 나는 그의 신을 들기도 감당하지 못하겠노라 그는 성령과 불로 너희에게 세례를 베푸실 것이요

— 마태복음 3:11

마음을 여는 &대화

어떤 유명한 학자가 이웃 마을의 지도자가 되어 달라는 부탁을 받았다. 그는 그 마을에 도착한 뒤 숙소에 틀어박혀 몇 시간이 지나도 나오지 않았다. 새 지도자를 맞이하기 위한 환영회 시간이 임박하자 마을 대표가 그의 방으로 들어갔다. 문을 열자, 방안을 서성거리며 무언가 큰 소리를 외치는 학자의 모습이 보였다.

"그대는 훌륭하다! 그대는 천재다! 그대는 생애 최고의 지도자다!"

학자는 이렇게 큰 소리로 자기 자신에게 외치고 있었다. 마을 대표는 그에게 왜 그런 기묘한 행동을 하는지 물었다. 그가 대답했다.

"여러분은 오늘밤 최고의 말로 나를 칭찬할 것이오. 나는 내가 겉치레 칭찬에 매우 약하다는 사실을 알고 있소. 그래서 거기에 익숙해지려고 연습하는 거라오. 게다가 누구든지 자기가 자신을 칭찬하는 것은 우스꽝스런 일이란 걸 알고 있지요. 그러니 지금 내가 한 말과 비슷한 말을 오늘밤에 듣게 되면 적어도 조금은 겸손하게 처신할 수 있게 될 것 아니겠소?"

● 나에게 있어 겸손을 방해하는 가장 큰 요소는 무엇입니까?

● 겸손하지 못한 사람들의 최후의 모습을 말해 보십시오.

82

말씀이야기 나누기

마태복음 3:5-17을 읽고 서로 이야기를 나누어 보십시오.

1 요한에게 세례를 받으러 오는 사람들을 말해 보십시오. (5-7)

2 요한은 그들에게 무엇이라 선포했습니까?(7-10)

3 세례 요한은 자기와 예수님이 어떤 관계라고 말합니까?(11-12)

④ 예수님이 요한에게 세례를 받으려 하자 세례 요한이 무엇이라 말합니까?(13-14)

⑤ 예수님은 자신이 세례 요한에게 세례를 받으시는 이유를 무엇이라 말합니까?(15)

⑥ 세례를 받으신 예수님에게 임한 하나님의 모습과 말씀을 말해 보십시오.(16-17)

내 뒤에 오시는 이는 나보다 능력이 많으시니 나는 그의 신을 들기도 감당하지 못하겠노라 그는 성령과 불로 너희에게 세례를 베푸실 것이요

생각을 깊게 하는 대화

1_ 세례 요한이 바리새인과 사두개인들에게 "독사의 자식들아……"라고 하면서 담대하게 하나님의 진리를 선포할 수 있었던 힘은 어디서 나오는 것입니까? 겸손은 단순한 약함이 아닌 하나님 앞에서 담대함입니다. 세례 요한이 진리를 담대하게 선포할 수 있었던 것은 하나님 앞에서 겸손했기 때문입니다.

2_ 세례 요한은 당대 최고의 선지자요 인기가 높았던 사람입니다. 그러나 예수님 앞에서 자기를 비교할 때는 주님의 신을 들기도 감당치 못하는 아주 작은 존재라고 말합니다. 이것을 통해 느끼는 세례 요한의 겸손함을 말해 보십시오.(참고, 요 3:30)

3_ 예수님은 세례 요한에게 세례를 받으시는 겸손함을 보이십니다. 세례 요한이 도저히 감당하기 어려운 일이지만 그는 허락합니다. 요한과 예수님이 이런 비상식적인 일을 순종할 수 있었던 이유는 무엇입니까?

생활 속에서 실천하기

1_ 나는 요한과 예수님의 겸손함을 보며 어떤 면에서 도전을 받습니까?

2_ 하나님을 잘 믿으면 어떤 겸손함이 생기는지 말해 보십시오.

3_ 오직 말씀을 이루기 위해서 자기를 포기하고 겸손하게 하는 예들을 주위에서 찾아보십시오. 나에게 부족한 겸손의 모습을 말해 보십시오.

겸손함은 어디서

겸손은 단순히 자기를 작게 보고 남에게 낮아지는 것을 의미하지 않습니다. 자칫 겸손함은 약함이나 용기 없는 것으로 이해하기 쉽습니다. 그러나 진정한 겸손은 하나님 앞에서 담대함입니다. 하나님 앞에서의 겸손은 사람 앞에서 진리를 실천하는 담대함으로 나타납니다. 하나님의 겸손함을 가진 사람은 하나님의 말씀에 순복합니다. 하나님의 말씀을 이루는 일이라면 어떤 일이라도 자기를 포기하고 복종합니다. 체면이나 전통이나 다른 사람의 눈치를 보지 않습니다. 자기의 의보다는 하나님의 의를 생각하고 세상의 나라가 아닌 하나님의 나라를 이루게 됩니다. 하나님 없는 겸손은 없습니다. 하나님을 만나지 못하면 겸손은 찾을 수 없습니다. 하나님을 인정하는 것이 겸손입니다. 하나님의 약속에 대한 사로잡힘이 강하면 강할수록 겸손함은 더해집니다. 이렇게 보면 겸손은 하나님을 아는 데서 시작됩니다. 하나님을 깊이 만나고 사랑하는 사람은 자연히 겸손할 수밖에 없습니다.

나는 얼마나 하나님께 사로잡혀 있고 하나님의 뜻을 이루고자 하는 마음이 있습니까? 그것으로 나의 겸손함을 점검해 보십시오.

저자 이대희 목사

장로회신학대학교 신학대학원(M.Div)과 연세대학교 연합신학대학원(Th. M)을 졸업하고 예장총회교육부 연구원과 서울장신대학교 신학과 교수를 역임했다. 서울극동방송국에서 '초신자성경공부'를 인도했으며, 지난 20여 년 동안 성서사람 · 성서교회 · 성서한국 · 성서나라의 네 가지 모토를 갖고 한국적 성경연구 사역을 위해 힘쓰고 있다. 현재 바이블미션 대표이자 '꿈을주는교회' 담임목사로 사역 중이며, 서울장신대학교 겸임교수(성경연구)로 재직하고 있다.

저서로『30분성경공부』『투데이성경공부』『아름다운 십대 성경공부』『이야기대화식 성경연구』『그리스도인이 꼭 알아야 할 신앙생활 100문 100답』『심방설교 이렇게 준비하라』『하나님에 관한 질문 83가지』『꿈을 키우는 10대 크리스천을 위한 52가지』『예수님은 어떻게 교육하셨을까』『1%의 가능성을 희망으로 바꾼 사람들』등 90여 권이 있다.

생활열매

초판 1쇄 발행일 | 2007년 1월 20일
초판 2쇄 발행일 | 2013년 5월 24일

지은이 | 이대희
펴낸이 | 김학룡
펴낸곳 | 엔크리스토
마케팅 | 임월규, 이동석
관리부 | 이진규, 박지현, 박혜영, 이상석, 김동인

출판등록 | 2004년 12월 8일
주 소 | 경기도 고양시 일산동구 장항동 585-2
전 화 | (031) 906-9191
팩 스 | 0505-365-9191
이메일 | 9191@korea.com
공급처 | 기독교출판유통

ISBN 978-89-92027-20-5 04230
      89-89437-58-X(세트)

값 3,000원

● 잘못된 책은 바꾸어 드립니다.
● 이 교재의 사용 방법, 내용, 훈련, 세미나에 대한 문의는 바이블미션(02-403-0196)으로 해주시면 최선을 다해 도와드리겠습니다.